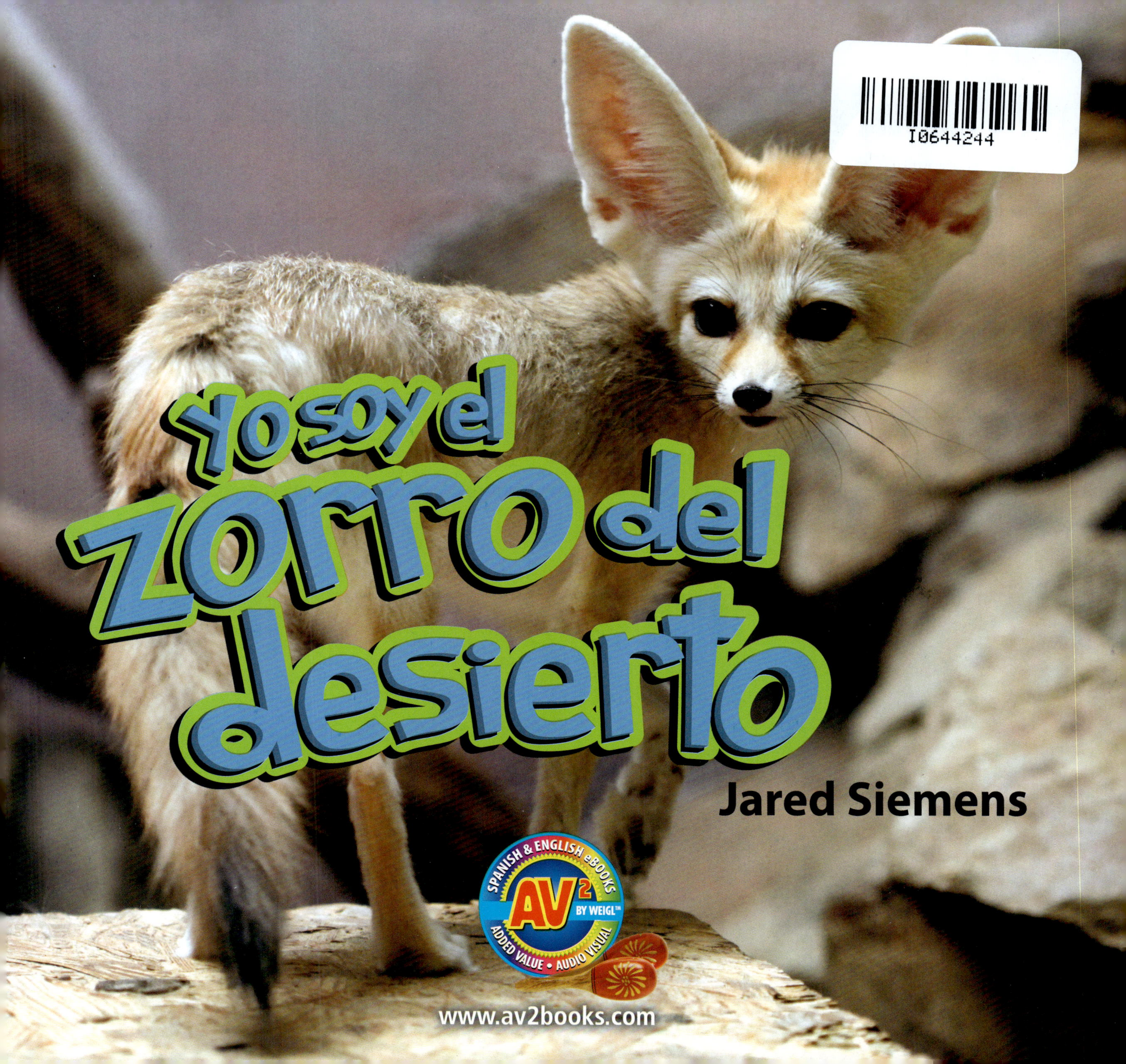

Yo soy el zorro del desierto

Jared Siemens

SPANISH & ENGLISH eBOOKS
AV² BY WEIGL™
ADDED VALUE • AUDIO VISUAL

www.av2books.com

Visita nuestro sitio **www.av2books.com** e ingresa el código único del libro.
Go to www.av2books.com, and enter this book's unique code.

CÓDIGO DEL LIBRO
BOOK CODE

AVK39967

AV² de Weigl te ofrece enriquecidos libros electrónicos que favorecen el aprendizaje activo.
AV² by Weigl brings you media enhanced books that support active learning.

El enriquecido libro electrónico AV² te ofrece una experiencia bilingüe completa entre el inglés y el español para aprender el vocabulario de los dos idiomas.
This AV² media enhanced book gives you a fully bilingual experience between English and Spanish to learn the vocabulary of both languages.

Spanish

English

Navegación bilingüe AV²
AV² Bilingual Navigation

CHANGE LANGUAGE
ENGLISH SPANISH
OPCIÓN DE IDIOMA
LANGUAGE TOGGLE

BACK NEXT
CAMBIAR LA PÁGINA
PAGE TURNING

CERRAR
CLOSE

INICIO
HOME

VISTA PRELIMINAR
PAGE PREVIEW

Yo soy el zorro del desierto

En este libro, aprenderás

- **cómo soy**
- **dónde vivo**
- **qué como**

¡y mucho más!

Yo soy el zorro del desierto.

Soy el zorro más pequeño del mundo.

Uso mis orejas para buscar comida.

Como insectos y otros animales pequeños.

Uso mis filosas garras para cavar túneles.

Duermo durante el día para estar más fresco.

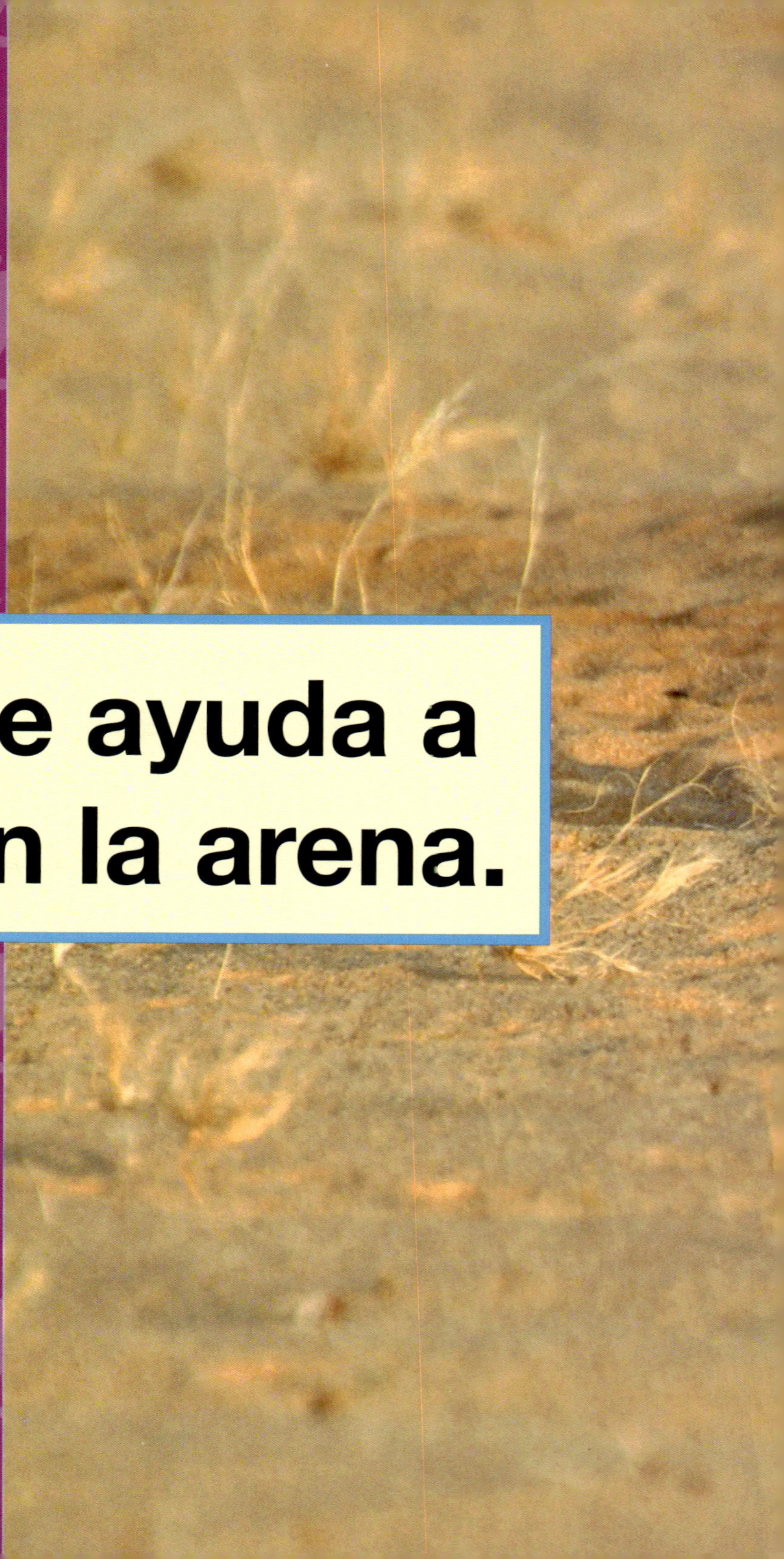

Mi pelaje me ayuda a ocultarme en la arena.

Vivo en un grupo junto a otros zorros del desierto.

Vivo en el desierto del Sahara.

Yo soy el zorro del desierto.

DATOS SOBRE EL ZORRO DEL DESIERTO

Estas páginas ofrecen información detallada sobre los interesantes datos de este libro. Están dirigidas a los adultos, como soporte, para que ayuden a los jóvenes lectores a redondear sus conocimientos sobre cada sorprendente animal presentado en la serie *Yo soy*.

Páginas 4–5

Yo soy el zorro del desierto. El zorro del desierto es el miembro más pequeño de la familia de los perros, los cánidos. Se lo conoce principalmente por su estatura diminuta y sus grandes orejas. Se llama así porque vive en las zonas desérticas y semi-desérticas del norte de África. En inglés se llama *"fennec"*, que viene de la palabra árabe *"fanak"* y que significa "zorro".

Páginas 6–7

Soy el zorro más pequeño del mundo. El zorro del desierto mide entre 7,1 y 8,6 pulgadas (18 y 22 centímetros) de alto hasta los hombros. Su primo norteamericano, el zorro rojo, mide unas 15 pulgadas (38 cm) de alto. El zorro del desierto adulto pesa entre 2,2 y 3,3 libras (1 y 1,5 kilogramos). Esto es casi lo mismo que pesa un gatito de 3 meses.

Páginas 8–9

Uso mis orejas para buscar comida. Las orejas del zorro del desierto, que miden 6 pulgadas (15 cm) de largo, le permiten tener una audición excepcional. El tamaño y la forma de las orejas lo ayudan a escuchar a los insectos que caminan por la superficie de la arena o debajo de la tierra. Otra de las funciones importantes de las orejas del zorro del desierto es refrescarlo, ya que a través de ellas libera el exceso de calor del cuerpo.

Páginas 10–11

Como insectos y otros animales pequeños. Los zorros del desierto son omnívoros. Esto significa que comen plantas y animales. Estos cazadores solitarios usan su extraordinaria audición para atrapar reptiles, roedores e insectos. También les gusta comer frutos y huevos. Los zorros del desierto obtienen la mayor parte del agua que necesitan de su alimento.

Páginas 12–13

Uso mis filosas garras para cavar túneles. Las patas del zorro del desierto tienen unas garras curvas que son excelentes para cavar. Los zorros del desierto han llegado a cavar madrigueras de hasta 3 pies (1 metro) de profundidad y 32 pies (10 m) de largo. El pelaje extra de sus patas les permite caminar por la arena blanda sin quemarse.

Páginas 14–15

Duermo durante el día. Los zorros del desierto son nocturnos, lo que significa que son más activos durante la noche. Durmiendo durante el día, los zorros del desierto evitan el calor agobiante del sol del desierto. Si salen durante el día y sienten mucho calor, los zorros del desierto pueden enfriarse rápidamente jadeando. Cuando las temperaturas superan los 95° Fahrenheit (35° Celsius), pueden llegar a respirar hasta 690 veces por minuto.

Páginas 16–17

Mi pelaje me ayuda a ocultarme en la arena.. El zorro del desierto usa sus adaptaciones para evadir a los depredadores, como el búho águila africano. Su pelaje de color arena lo ayuda a camuflarse pero, si no lo logra, el zorro del desierto puede huir corriendo a una velocidad de hasta 25 millas por hora (40 kilómetros por hora).

Páginas 18–19

Vivo en un grupo junto a otros zorros del desierto. Los zorros del desierto viven en un grupo de hasta 10 zorros. Estos grupos se llaman manadas. Las manadas suelen estar formadas por una madre, un padre y sus crías. Una vez al año, durante la temporada de reproducción, las hembras tienen una sola camada de entre uno y cinco zorreznos.

Páginas 20–21

Vivo en el desierto del Sahara. Si bien los zorros del desierto no están en peligro de extinción, los asentamientos humanos los han hecho perder su hábitat en algunas zonas de Marruecos. Por su particular aspecto, los zorros del desierto también son el blanco de muchos comerciantes de mascotas. Los zorros del desierto viven unos 10 años en su hábitat natural, pero se sabe que viven más tiempo en cautiverio.

¡Visita www.av2books.com para disfrutar de tu libro interactivo de inglés y español!

Check out www.av2books.com for your interactive English and Spanish ebook!

1. **Entra en www.av2books.com**
   Go to www.av2books.com
2. **Ingresa tu código**
   Enter book code **AVK39967**
3. **¡Alimenta tu imaginación en línea!**
   Fuel your imagination online!

www.av2books.com

Published by AV^2 by Weigl
350 5th Avenue, 59th Floor New York, NY 10118
Website: www.av2books.com

Library of Congress Control Number: 2018964736

ISBN 978-1-7911-0168-8 (hardcover)
ISBN 978-1-7911-0169-5 (multi-user eBook)

Printed in the United States of America in Brainerd, Minnesota
1 2 3 4 5 6 7 8 9 0 22 21 20 19 18

122018
111918

Project Coordinator: Jared Siemens
Art Director: Terry Paulhus
Spanish Project Coordinator: Sara Cucini
Spanish/English Translator: Translation Services USA

Weigl acknowledges Getty Images, Alamy, and Shutterstock as the primary image suppliers for this title.